노을 속에 피는 꽃

노을 속에 피는 꽃

초판인쇄 2017년 7월 5일
초판발행 2017년 7월 10일

지은이 윤 미 숙
펴낸이 엄 원 지 (엄 대 진)
펴낸곳 한국신춘문예협회
인쇄처 스포츠닷컴(주)

등록번호 제301-2012-158호
등 록 일 2012년 7월 24일
ISBN 978-89-98104-10-8
책 값 10,000원

주소 서울특별시 영등포구 국회대로 70길 15-1(여의도동 극동VIP빌딩 905호)
대표전화 070-4036-5445
F A X 070-8241-5472

본 도서의 판매수익금의 일부는 본 협회에서 추진하는
각종 문화예술사업의 진흥기금으로 쓰여집니다.

노을 속에 피는 꽃

작가의 말

우선 여기까지 온 것은
주위에 많은 찬사를 주신 지인들과
여러모로 도와주시고 밀어주신
한국 신춘문예 회장님을 비롯해
너무나도 깊은 감사를 드립니다.

저는 유년시절 부모님의 이혼과 상처
녹녹치 않은 삶 속에 세상을 헤쳐 나가며
죽을 만큼 힘든 삶속에서도 좌절하지 않고
긍정적이고 지혜롭게 살았으며
힘든 영혼을 글과 벗을 하면서
가슴에 녹아 나는 글을 쓰면서
지금의 노을 빛으로 이렇게
빛나는 영광까지 왔나 봅니다.

평생의 책 한권 내기까지는
참으로 힘든 일이지만
이렇게 시집을 출간하게 되니

새삼 감회가 새롭고 기쁨은
이루 말할 수 없습니다.

부족한 글이나마 저를 사랑하고
아껴 주시는 모든 여러분께
진심으로 감사드립니다.
시, 글이란 배움이 많든 적든
누구나 쉽게 공유하며 이해할 수
있어야 합니다.
독자와 함께 할 수 있는
인연이 되기를 기원해 봅니다.

첫 시집을 내면서
저자 윤 미 숙

목 차

노

을

윤

미

시

시작(詩作)

고뇌해 보지 않은 자가
고뇌를 쓸 수 없다

희열해 보지 않은 자가
희열을 쓸 수는 더더욱 없다

그러나
진정으로 고뇌해 본 자는
고뇌를 쓰지 않는다

또한

진정으로 희열해 본 자도
종이 위에 글을 남기지 않는다

이 세상에
진정이란
진실이란
말이나 글로서 남기는 것이 아니고

마음으로 그냥 깨우치고
영원히 홀로 안고 가는 것이다

이것이 진정한 시작(詩作)이라고
말하고 싶다

봄을 기다리는 여심

태양 저편에서 조만간
꽃이 피는
봄 내음이 날 거야

조금만 아주 조금만 기다려

한 아름 꽃이 되어 달려 올 거야

이 ~

하얀 눈이 다 녹아내리면

그대 별

소리 없이
바람처럼 다가온 그대
어디
어느 별에서 왔나요
꿈인지 생시인지
평온한 행복감이
온 누리에 가득하고

영혼에 희망을 주는
유성 같은 그대 정녕
어느 별에서 왔나요.

세 여인의 행복한 하루

야산 기슭을 가다보니
아직 녹지 않은 눈꽃송이
상큼한 바람은 코끝이 시리고
어디선가
졸졸대면 따라와
요염한 자태로 예뻐해 달라
유혹하는 고양이 한 마리

옆에선 하하! 호호!

배드민턴 치며 즐거워
하는 아낙네들

정겨운 친구들과
관모산 정상에 오르니

철새들은 어서 오라
반기고 하늘 저편엔
안개꽃 가루가 날리며 다가와

세 여인의 머리 위에서 속삭이듯
오늘 하루도 많이 행복했지 한다.

바다의 산책

끼 륵! 끼 륵 !
갈매기 떼가 나를 반기며
힘찬 뱃고동 소리와
저마다의 존재를 알린다

벗과 함께 바다를 질주하는 마음은
바다가 나를 태우듯 구름처럼 출렁이며 달려온다

망각을
시름을
고통을
이 넓은 바다에 모두 던져 보자꾸나
친구야 !

그리고 가벼운 마음으로
희망을 한 아름 안고 보금자리로
가자꾸나 친구야!

문명 속 전철의 하루

급속히 변화하는 거리에 도시는
저마다 바쁜 걸음에 동분서주 한다
전철 안 도심 속 사람들의 표정도 각양각색

어디서
어디로 무엇이 그리 바쁜지
상기된 표정에 여유로움도 뒤로 한 채
분주한 전철의 하루는 문명을 따라
오늘도
쉼 없이
힘차게 달려간다.

엇갈린 인연

말 한마디에 천 냥 빚을 갚는다는데
진실한 마음 알지 못하고 말 한마디

잘못이 그런 사람 아닌 줄 알면서
서로에 엇갈린 생각 때문에 다시는

돌아갈 수 없는 강이 되어 스쳐지나가는
타인이 되고 말았네.

자유의 날개 짓

현실의 무게에 마음 하나
자유롭게 내어주지
못하는 기로에 서서
찌들어 버린 삶 속에서
속박된 나 자신과 싸운다,

왜 !
내 안의 속박 속에서
벗어나지 못할까

그냥 가볍게 마음 한번 바꾸면 될 것을

그래 오늘은 !
자유의 날갯짓하며 날아보자.

파도의 여행

파도를 구름삼아 질주하며
항해하는 마음은

물 위에 바이킹을 타 듯
넘나든다,

인생의 높낮이가 있듯이
파도도 성을 부린다.

한여름 밤의 색소폰

긴 여름밤의 색소폰 소리는
내 귓전에 감미로운
늪으로 가라앉는다

더운 바람 불어오는 황혼의
한밤의 서막은
그렇게
내 가슴을 흔들고
소박함을 담은 인파 속
정감 있는 사람들의 모습이

운치와 멋이 거리를 메우고
아쉬운 작별의 곡에
여운을 남기며
벌써
방청객은 하나 둘씩 사라져 가는데

죽어도 후회하지 않을 그 순간이
정지 시키고 싶은 이 순간이
불꽃놀이에 퍼짐이
감미로운 색소폰 소리에
서서히 녹아 내린다.

네온 속의 술 한 잔

칠 흙 같은 밤은
네온의 물결 속으로
삼킬 듯이 흘러 가는데

저마다의 가슴에
애환을 노래하며
어둠의 은밀한 신비는
침묵 속으로 빠져 든다

세월을 붙잡듯
세월 가는대로

그렇게 세상에 오염의 물결이
우리의 삶을 도태시키는데

인간은 저마다의 빛깔을 품고
무심한 네온의 영혼을 던지듯
술 한 잔에
고독한 삶을 내어 맡긴다.

공존의 사랑

조절을 잘하는 사랑은
은은한 향기를 품지만

지나친 사랑은 독을 품는다

적당한 질투는 애정을
꽃 피우지만
넘치는 질투는 상처를 남긴다

사랑과 질투의
묘수를
잘 공존할 수 있는
사랑이 있다면

그 향기는
오래도록 추억 속에 남으리라.

행복과 불행은

행복은 저편에서
나를 오라 손짓하지만
그곳까지 가기엔 너무 먼 곳

불행 또한 저편에서
나를 오라 유혹하지만
그곳까지 가기엔 너무 먼 곳

단지!

내 마음의 지침돌로
행복과 불행을
다스릴 뿐이지 . . .

사랑하는 내 딸

코흘리개 어릴 적
나의 아가

바쁜 엄마의 손길보다
할미의 손길이
더 많았던 너

어느새 !

훌쩍 커서 봄 처녀가 다 되어
엄마의 힘든 영혼까지
솜사탕처럼 녹여 주며

먼저 손 내밀어
다독여 주던 어른 같은 내 딸

있잖아 !

귀 좀 대봐 내 딸
너에게 맨 처음 고백 할게
너를 정말

진 짜 진 짜
하늘만큼 땅 만큼
많이 많이 사랑해
사랑하는 내 딸아.

뿌리 깊은 나무

뿌리 없는 나무는
허물어 부서지고

뿌리 깊은 나무는
세파에도 굳건히
서 있는 의연함을 보이지만

물질만능 주의인
이 시대의 뿌리 없는
나무가 무성하니
뿌리 깊은 나무는
빛을 보려 용트림의 발 돋움한다.

사랑초 사랑

활짝 핀 아침을 열고
태양의 온 정열로
사랑 받더니

붉은 노을이 지니

나비같이 날개를 접고
살포시 포용하며
감싸 안았네.

땅거미 지는 어둠
내리는 창가에서
수줍게 숨어 미소 짓는 너는

신비한 사랑의 전설을 간직한
그 이름은 사랑초라네.

긴 여정

황혼의 짙은
긴 터널 속을 탈출한
한 마리 새처럼
먼 여정을 날아와
숨 쉴 수 있는 푸른 하늘을 본다
더없이 넓은 하늘을 보며
지난 아득한 세월의
발자취를 생각해 본다

숨 막힘의 세월
구속당함의 세월
어둠 속의 긴 세월

이젠 자유의 몸이 되고 싶다
새처럼 자유를 향해
멀리 멀리 날아가
지친 내 몸을 자유로 만들어 주고 싶다
삶의 찌든 내 영혼을
이제는 자유의 나래로 펼치고 싶다.

거울 속의 또 다른 나

실오라기 하나 없는 알몸으로
또 다른 내가
거울 속에 비취 진다

그 속엔
욕망과 고뇌의 모든 일상을
다 내려놓은
평온한 얼굴의 또 다른 나를 본다

태여 날 때의
순결했던 그 영혼처럼
마지막 가는 길도 고결함의
빛나는 생이 되어야겠지!
또 다른 나에게 주문을 해본다.

너를 향한 그리움

눈을 감는다 하여
어찌 너를 잊으리
눈을 뜬다 하여
어찌 너를 잊을까

그리 멀지 않은
지척에 너를 두고도
볼 수 없는
아픈 나의 모습은

아려오는 가슴을 움켜지며
못내 그리움에
목말라 하는 내 모습은
마치 숲 속에
길을 잃고 헤매 이는
한 마리 슬픈 꽃사슴 같지 않니

그립구나!
정말 그리워.

사랑 메아리

그대!
불러도 대답 없는
메아리 되지 마시고

굳은 믿음과
초심을 잃지 않는
불러도 불러도
끝없이 응답하는
메아리가 되게 하소서

때로는 고통과 슬픔이 따를지라도
항상 내 곁에서
사랑노래 부르며 달려올 수 있는
그대 메아리 되어 주소서.

세월은 가는데

세월의 삶은 짙어 가며
퇴색 하듯 흘러가는데
불혹의 나이 문턱에서

과연 얼마나 많은 나의
공든 탑을 쌓아올리며
걸어가고 있을까?

산다는 것이
고뇌와 고통이라면

누리는 자와 없는 자는
그 무게가 어떠할까

똑같이 주어진 이 지구 안에서
너무나 차이나는 이 땅에서

행복을 가름한다면
마음이 부자인 사람이 더 행복하리라.

있는 자와 없는 자의 차이는
더 편하고 더 불편한 차이리라

그렇게 단 한줌의
흙으로 돌아갈진대
인간의 욕심은
왜?
끝이 없을까.

세월의 길목

세월이 오는 길목에서
바람의 숨결 같은 삶

아무리 갈망해도
세월은 잡을 수 없지만

오색향기 품 듯
사계절의 무대 위에

무지개 빛 향연과
희노애락을 싹 피운다

또 다시 맞이하는
가을이 오는 길목에서

희망과 소망을 기원하며
세월에 묻혀 꿈을 이루어보리라.

가을 달빛

바람조차 잠든 고요한밤

갈대숲사이로 가을 달빛이
소리 없이 흐른다

시간도
삶의 추억도

지금 이 순간엔 그냥
멈추어 서있다

둥둥 둥근달이
물위로 떠다니며

내 삶의 조각들을 싣고
어디론가 떠나가고 있다.

찬사의 박수

비록 연륜의 꽃일지라도
날 반길 수 있는 시간이
날 좋아 해준다는 열정이

그저 삶의 힘과 지탱 할 수 있는
희망을 주는 용기리라

인간은 그 빛깔이 다르듯이 무한한
희망과 실망이 교차되는 인생 갈림길의
기로의 살얼음 같은 길을 걷는다

어설픈 몸짓
귀여움의 손짓이
순수함의 열정이

그냥
인생의 터널에 서서 그저 바라만 봐도
좋은 민들레의 한송이 처럼
그냥 변함없는 소나무 였으면 좋겠다.

자연의 섭리와 행복

평온함이 행복이 나를 손짓하듯
무한한 이 바다같이

우리가 숨 쉴 수 있는 자연의 섭리가
맑은 정신과 건강을 준다면
내가 지탱할 수 있는 자연의 힘이리라

또한 행복은 가늠할 수가 없어
평온하듯 또한 파도치듯 굴곡의
차이도 자연의 섭리리라

생활의 삶속에 소박함과 아름다움을 담듯 이
우리네 삶도 그렇게 예쁘게 엮어 가리라

행복을 거머쥘 수 있는 시간적 깊이를
잰다면 모든 것을 가슴에 내안에 가득
채울 것이다 그것 또한 자기의 몫이리라

인간이 항상 고통만 있다면 어찌 견딜까
인간이 항상 행복만 있다면 무슨 의미로 살까
인간은 누구나 똑같이 공존하는 가운데
똑같이 평등하리라

자연의 섭리는 세월이 가도 그대로 인데
인간은 세월을 못 이겨 피고 지는 가느다란 생명이리라.

나의 아버지

먼저 보낸 자식 생각에
가슴앓이를 많이 하셨던 나의 아버지
지금 이 지구 안에 안 계신 아버지 임종의
마지막을 잊을 수가 없습니다

말 한마디 못하시고 그저 눈동자의
움직임의 간절하고 애절했던 아버지
내가 이 세상 끝날 때까지 잊을 수 없겠죠

하나뿐인 여식 외동딸을 항상 걱정 하시고
부성애가 강하셨던 아버지

가을이 되니 그립습니다
항상 긴장 속에서도 문득 문득
떠오르는 나의 아버지

내가 살아 있는 그날까지 늘 영혼의
그림자처럼 지켜 주시겠죠

아버지!

칠순 나이에도 열심히 일밖에 모르시던 아버지
마지막의 암이라는 병고에 너무 아픈 고통을
이고 가셨기에 이 여식 참으로 마음이
에이도록 아픕니다

벌써 유수 같은 세월은 15년이 지났어도
너무 너무 보고 싶습니다

지금은 먼저 저 세상으로 간 오빠를 만나
회포를 푸시는지요?

기다림

우뚝 선 가로등 태양처럼
빛을 발하고
내 시야의 광선을 비춘다

작은 아이들의
재잘대는 소리

그네와 미끄럼
타는 아이들

모든 것 들이 망각 과
영상 속에 아롱 거린다

그러나 님은 오지 않고
무심한 사람은

기다림의 성의도 없이
우뚝 선 나무 사이로

주택 사이로 서성 거리며
발걸음은 무거워만 간다

한여름의7월은 뜨거워
정열이 불타지만

어느 한구석의 마음은
왜 이리도 차가운 것일까,

사랑의 힘

메마른 가슴에 사랑을
사랑을 심어준 사랑이 있다

인간은 추억을 먹고 산다 했던가
풋풋한 풀 향기의 추억과

꿈결 같은 달빛 창가의 입맞춤
별빛 쏟아지는 밤의 야경

사랑이 담겨져 있기에 아름답다
추억은 메마른 가슴에 비를 뿌리듯
일기장 훔쳐 보듯 그렇게 가슴에
묻는 여운이리라

슬픔은 망각 속으로 잊혀지고
기쁨은 희미한 그림자의 아련한
추억을 머그문다

사랑의 힘이란 주는 자와 받는 자의
기쁨은 온 지구를 거머쥘 만큼의
마력을 지닌다

그래서 사랑의 힘은 위대 하던가 . . .

당신과의 젊은 날의 회상

당신과 손을 잡고
산과 들 꽃구경과 나물 캐러
가던 그때 설렜던 가슴

이제 아스라이 멀어져
벌써 세월은 이 먼 곳까지 왔구려.

꿈은 많아
꿈을 꾸던 소녀의 시절
꿈을 먹던 그 시절

다시는 머물 수 없지만
다시는 돌아갈 순 없지만

활짝 핀 꽃을 보니
새삼 두근거리던 그때의
아름다운 회상에 젖어 보는구려.

인생은 흘러가는 돛단배

세월도 인생도 사랑도
한낮 바람 같은 물거품인 것을

상처주고 상처받고 아파하는
부질없는 인간사 끝없는
욕망과 욕심에 허덕이며 사는 걸까?

그저 바람에 흔들리듯
흐르는 물과 같이 흐르면 될 것을

돛단배 흘러 가 듯
그냥 자연의 순리대로 살아가면 될 것을!

바람의 향기

내가 스쳐 지나가는
한 점의 바람이라면

고통과 시름
힘들고 지친 영혼

마법의 바람을 일어
행복과 희망을 줄 수 있는
바람이고 싶다

그래서 !

맑고 청명한 웃음을 줄 수 있는
향기 가득한 바람이었으면 좋겠네.

처음 만난 그때처럼

그대여!

처음 만난 그날처럼
지금도 가슴 벅찬 그리움이
남아 있나요?

그 긴 세월이 퇴색되어
흘러 갈잎에 물든다 해도

아직도 그때의 여운처럼
그 가슴이 두 근 거리시나요

나를 위한
진한 사랑과 열정이
차가운 겨울이 오는 길목에서도
따사로운 햇살 처럼요!

사랑 너

풋풋한 봄 내음 같은

듣기만 하여도
설레고 달콤한

황홀 지경에

죽어도 좋은
예쁜 말이 있을까?

그 한마디에 웃고 우는
명약 같은 너 사랑

영원히 같이 가고 함께하는
사랑 너 앞에 모든 것이 녹아 내린다.

초콜릿 사랑

초콜릿에 빠졌나
사랑에 빠졌나

해 년마다
확인하는
사랑의 유효기간

사랑의 초콜릿

영원한 인연의
고리로 이어가는
달콤함 속으로. . .

영원한 자유

올수도 갈수도 없는
그 알 수 없는 길

청춘을 다 피지도 못하고

이승과 저승을 가로 막고
갈라 놓은 구름 속 같은 그길

오빠란
이름만 남기고
그 먼길을 홀연히
하늘로 떠났기에

넘나드는 한 마리 새가 되어
온 세상을 방황에 떠돌지 말고
부디 자유로운 세상을

마음껏 누려봐 . . .
한이나 되지 말게

보석

인간을 보석에 비한다면

값진 보석과
저가격의 보석을 가린다면

자기 자신은 가꾸지 않으면서
값진 보석을 희망 한다

내 삶은 내가 진가를 발휘하고
누구나 높은
보석을 꿈 꾼다

본디 인간은 똑같이
평등을 주지만

인간의 근본은
보석의 서열처럼
줄을 기다린다

보석보다 빛나고
영롱한 값진
인생의 길을 걷고 싶다

고귀하고 소중한 삶
추한 삶이 되지 말고 . . .

지구 속에 점 하나의
존재로 남을 지라도

삶

불현 듯 고독이 밀려 올 땐
무엇을 생각 하나요

걷 잡 을 수 없는
슬픔 때문에

걷 잡 을 수 없는
미련 때문에

삶의 힘든 모든 것을
어깨에 짊어지고

그렇게 삶은
덧없음 을 알리지요

가녀린 목숨보다
가녀린 인생보다

삶의 가치와 의미는
어떠한 모양새 일까
무게에 짖 눌려 숨 막힘 의
세월들이

큰 이별이든
작은 이별이든

잠시 지나가는 인연처럼
세월에 걸친 몸부림이리라.

가을의 서정

가을 역 달님은
반가움을 맞이하고

어제의 이별을 고하며
새벽의 산 너머로 꿀꺽 삼킨다

그 달님의 멋 드러 짐 은
오랜지 색 향연과 구름에
가려진 회색 하늘을 스케치 한다

산들 바람 오색 향기는
가을 들녘에 온화한
마음의 고향을 준다

가을의 서정은 그렇게 아름답게
애듯 하게 가슴을 후비며 물들겠지.

새 희망의 함박눈

새해 아침 문을 열고
나와 보니
첫 만남의 함박눈이 내리네

축하의 메시지처럼

지난!

아픈 마음 상처 다
덮어 내리 듯

새 마음 의 문을 열고
희망찬

새해 아침
함박눈이 내리네

카페 연가

해질 녘이면 언제나
그 곳엔 불이 켜진다

바람 잘 날 없이
고단한 삶이
한 낮 햇살 아래
땀으로 젖어

때론 눈물과 상처로
한잔 술에 긴 회환을 남겨도

때론 사랑의 기쁨으로
추억 속 노래로
남겨질 때도 있다

그리운 사람은
지나간 기억 속에
낡은 액자로 남아

빛바랜 모습으로
희미하게
다가오고 휘황한 네온 빛은

비틀 거리는
그림자로 시간 속
미완으로 새벽을
기다리고 있다

그래도

깊은 밤마다 꿈을 꾸는
카페의 추억은 우리들의

시간 속으로 살며시
사랑으로 들어와 앉는다

내 이름 석 자

호랑이는 죽어서
가죽을 남긴 다지만
사람은 죽어서
이름 석 자를 남긴다 하지

부모님이 주신
내 이름 석 자

내 이름에 책임을
질 수 있다는 건
가치 있는 삶을 산다는 것.

결 – 국
내 희생과

내 노력만큼 어디서든
떳떳하게 존재하는 것이

소중한 내 이름 석 자입니다.

사랑 애증 그 세월

그대
나 진정 사랑했나

나
진정 그대를 사랑했을까

세월에 연민과 애증의
그림자는 낙엽 따라
바람에 휘감아 도는데

세월을 탓하지나 말 것을
사랑을 탓하지나 말 것을

이나마!
남아 있는 생
좋은 생각만 해도 못 다할 생. . .

외로움

아침 햇살
바닷가를 비추고

외딴섬 아이들은
배를 기다린다

은빛 금빛 반짝이는
모래밭을 어울져 달려 간다

외로움에 자란 아이들
통통배의 기척에 귀 기울인다

향수

연기 속에 피어 오르는
초가집들의 줄나열

기다란 연기 품고
저녁 노을을 가린다

하염없이 흩어져 가는
연기들의 행진
미소 짓는 달님마저
가리워진다

달님은 여지없이
초가집을 향하여

비추어 주고
살며시 미소 짓는다

별들의 속삭임

고독할 땐 반짝이는
별들을 본다

은하수의 별들의 속삭이는
별들을 헤어본다

내 마음이 울적 해 질 땐
아름다운 유성과 별들의

속삭임이 나의 마음에 다가와
살포시 젖어든다

낙엽 속에

낙엽 속에
너와 나의 슬픔과
고뇌를 날려 보내고 싶다

낙엽 속에
난 작은 소리를 들었다

싱그럽게 과시하던
지난날 들은
한낮 망각 이라고

인간의 마음속엔 슬픔과
고뇌가 엉기어져 간다

여름내 녹화가 만발한 잎새 들이
가을바람 에 떨어져 가고

인간은 망각 때문에 산다고
망각 속에 묻혀 산다 해도
과언은 아니라고

밤을 지새워 슬퍼한 들
뉘가 알아줄까?

행복은
수평선 넘어도 아니오

행복은
드넓은 하늘 끝도 아니오

행복은

조용한 아주 가까운
내마음속에 있는 거라오.

삶의 다리에서

나무 가지 끝에 한잎 두잎
떨치지 않으려고 애쓰는 잎새들

매서운 바람은 소리없이
몰아쳐 버린다
한 생명이 진 것이다

인파속에 밀리어져
짓밟혀 가는 생명들. . .
그것은 한줌의 흙이 되겠지

인생은 고독한 것
인생은 쓸쓸한 것
인생은 허무한 것

한 생명이 잉태하기에 얼마나
피나는 노력이 많았던가

그러기에 인생은 허무하다

멀어져 날려가는 잎새들의
휘날림 한줌의 흙으로 돌아가겠지. . . .

인간의 굴레

끝없는 만남과
끝없는 이별

수없는 인연들은
그렇게 이어져 간다

또 하나의 만남과
또 하나의 이별

고독, 낭만
한마디로 정서가
메마른 탓일까

여느 때 처럼 느꼈던
이 가을 이지만

유독이도 쓸쓸 함을
느끼는 이유는 무얼까

인간이 살아간다는 것이
어차피 몇백년 살 것도 아닌데
몸부림을 치고 살아야 되는지

가을이면 시인이 되는 나지만
해를 거듭 할수록 시도
변하나보다

고독과 외로움을 즐겼던 내가
이젠 몸서리가 쳐지도록 정이 그립다

항상 외로운 소나무 였던 나 누구나
정착할 울안이 필요한 것일까.

노을 속에 피는 꽃

먼 추억의 삶은
결코
녹녹치 않은 가시밭길

노을 속에 가려진
인생처럼
숨 가쁜 지나간 세월은
결코 헛되지 않았나 보다

거센 바람과
폭풍 속 짓밟힘에도
강인하고 굳센 믿음을 꿈꾸며
들꽃처럼 피여 났다

그렇게 힘든 들꽃은
이제 서야
노을 속에서 숭고하게 피어나

불행 아닌 행복으로
영원히 승화되어 끝없이
끝없이
꽃길만을 걸어가리라.

적막한 밤

어둠 속
적막한 빛깔 속을 걸어가 본다

저 창공의 별들이
유난히도
반짝이건만

나홀로 외로워
지는 건 어언 일일까

어둠의 침묵 속에서
벌레들의 울음소리에
내 마음 한적히 외롭다

고뇌하는 이 마음
슬프게만 한다.

노을 지는 강가

지금은 말로서는 다
표현할 수 없는

한 여름날의
곱게 물든 강가에
추억의 시가 있다

지나간 세월은
흘러간 강물처럼 흔적이 없고
강변 모래 언덕에
별이 되기 위해
밤을 기다리던,

고운 노을은
벌써
불혹을 넘어
바람이 되었다

바람이 그렇게 세게
갈대숲을 지나던 날,
돌아갈 시간조차
망각해 버린
시간의 강은

노을 지는 강가에서
내게 미소 하나를 주고 있다.

7월의 장미

햇실 가득한 7월
붉은 장미의 노래를
들어 본적 있는가

가시돋친 줄기의
진한 생명의 몸짓
작은 봉우리에 숨겨져
온유의 밤을
지새우던
아름다운 삶의 집념을

그 붉은 미소가
사람들의 눈을 흐리게 만들어도
실은
그 은은한 향기로
태양과 별빛을 다 머금고서
순백의 모습으로

내게
7월에도 시들지 않은,
빨간 정열을 보여주고 있다.

여름 들녘

곱고 붉은 내 모습에
지나는 바람조차
그 여정의 굴곡을 쉬려한다.

들녘에서 돌아오는
아낙네의 옷깃에

벌써
후줄근한 땀이
지는 햇살에 차게 느껴져 온다

바람은 언제나 불어오지만
한자리에 머물지 않고
어둠 깃드는 서산의
들녘은
항상 새 날의 아침을 꿈꾼다.

봄의 찬미

비로소
봄이 왔다

저 멀리
아지랑이 숨결이 보이고
들판으로부터 불어오는
바람의 날개가 한결 부드러워 졌다

겨울 속에 묻혔던
하얀 얼음이
서서히 녹아내리기 시작할 즈음

그간 갇혀있던
내 안의 비장한 각오들이
대지를 박차고 올라오려는
새 씨앗과 함께
희망의 꿈을 꾼다.

고드름 사랑

고드름이 녹아 내리는 건
그대 사랑이
정열함에 녹아 내리고

고드름이 정지되어
움직이지 않는 건
그대 사랑이 얼음 처럼
차가웁기 때문이지

그래서
고드름 사랑은
오르락 내리락 하는
온도계 같다 하지

봉주르 카페에선

전국에 선남선녀들이
모인 그 자리
낮같은 밤은 명동거리

피어 오르는 모닥불에
옹기 종기 앉아
소근 소근 사랑꽃을 피운다.

세상을 산다는 것은
한 잔의 차에서
피어오르는 하얀 증기 같은 것
기왕이면
향기롭고 맑은 차를
마시면 좋은 것을

그리고
사랑하는 이들과 함께 한다면
더욱 시간은 소중한 추억이 되는 것을

오늘 난
봉주르 카페에서
한 잔의 차 내음을 맡으며
삶의 한 순간을 문득 깨닫는다.

내 사랑 바라기

우리

잠시 열정이 식은 거니
미동 없는 시간이
무디어져 가는 세월이

난 그저 그대만 바라보는
바라기인 거니

세월에 각박함과
여유로움이 없어진 거니

그 열정
그 사랑

언제쯤 돌아오는 거니.

힐링, 힐링 그 가을

가을이 오라 하여
갈바람 타고 따라 나섰네

내 시야에 펼쳐진
그림 같은 청명한 하늘

넓은 한강 둔치 물결
비릿한 내음이 코끝을 스치고

한쪽엔

억새풀이 어서 오라 한들 한들
물살을 가로 지르며
보트 놀이에 즐거운 연인들

휴일에 한낮은 지쳐있는 삶에
힐링하려 유람선 배에 몸을 실은
인파들이 정겹구나.

노을빛이 아름다운 것은

일출이 아름답게
빛날 수 있는 건

또 다른 내일 희망을
기약하기 때문이요

일몰이 더욱 아름답게
느껴지는 것은

오늘 하루에 소임을
다했기 때문이다.

꿈꾸는 성모상

펄 펄
내리는

흰 눈이 곱기도 하다

시집가는 처녀의
두근거리는 가슴처럼

첫눈은
어찌 저리도
설레이기만 하는 것일까

십자가 성호를 그으며
두 무릎을 끊고
순백한 기도를 바친다

내 사랑이
그에게로 가고
그의 사랑이

내게로 전해져 온다

하늘에서 내려오는
저 정결한 속삭임!

성모상
예쁜 손위로 쌓이며
아름다운 꿈으로,
꽃으로 피어
내 가슴에 희열을 준다.

단풍잎

오후 햇살에
빛바랜
붉은 색이
산등성이에 가득하다

한 여름날
얼마나 뜨거운 그리움으로
애를 태웠는지
그 속 조차
붉게 물들어
노을 지는 산 언덕이
타오르며 불붙고 있다

벌써
가을이
사랑을 시작했다

붉은 입맞춤을 나누며---.

가을 산

하늘엔 벌써
푸른 동공이 가득하다

오늘
화폭에 담는 밑그림 작업은
붉은 바탕의 땅 색에
노랑 그리고 주홍색이 그어진
약간 빛바랜 듯한 수채화이다

거기다가
하얀 옷을 입은
철새들이 떼 지어
커다란 산위에
동그라미를 그리며
노을을 채색하고 있다

가을 산이
그렇게
가슴 안으로 들어와 있다.

한 잔의 커피

커피 한 잔에
마음을 달래는 것은
하루의 기쁨이다

그 커피 한 잔에
고독이
함께
삭여지는 것도
하루 중 즐거운 시간이다

그런데
한 잔의 커피 속에
전해져오는
추억의 연가 같은
진한 향의 그리움은
어떻게 지울 수가 없다

창가에 비치는
깊은 상념 속
슬픈 기억 같은
내 고독한 커피가

또 다시 지는
저녁노을 앞에서
그 향으로
가을을 말하고 있다.

당신 사랑을 먹고 사는 나

은은한 주단을
깔고 걸어온
우리들의 여정

멋은 없지만 고된 길을
같이 하기에
사랑의 힘으로 버팁니다.

나에게 풍족한 호사는
못 누리게 해주었지만

그래도
그대가 버팀목이 되어
견딜 수 있었습니다

보석의 빛나는 빛보다
은은한 향기로 다가오는

그대 숨결과
그대 사랑과
그대 변치않는 열정이 있기에

당신 사랑을 먹고 사는 난
오늘도 행복합니다.

관심과 무관심

세상에서 관심 밖에
존재라면 그보다
큰 불행이 있을까

하지만

관심이 지나치면
무서운 집착으로
상대에게 상처를 남긴다

인격체를 존중하며
적당한 조절이야 말로

큰 행복이 아닐까.

커피 한잔의 향연

커피 한잔에
인생을 논하고

커피 한잔에
삶의 애환을 담고

연인 같은 향기
친구 같은 상큼함이

오늘도 내일도 같이
시작하고
웃고 우는 밀접한

커피의 향연에
마음도 녹아 내린다.

돌고 도는 money 인생

이 세상에 꼭 필요한
없어서는 안 될 그것

있는 자는 너무
넘쳐 즐겁고

없는 자는 너무
모자라서 슬프고

공평치 못한 그것
우리네 서민들

그것을 거머쥐기 위해
오늘도 내일도
잡으려 꿈을 꾸지만

잡힐 듯 잡힐 듯 손에 잡히지 않는
뜬구름 같은 알 수 없는 그것

채우지 못한 그것에
지금도 어찌 보면

돌고 도는 money에 노예가 되어
허우적거리고 살고 있지 않나.

겨울 강

긴 긴 날
너는 목 쉰 소리로
지는 해 갈대 숲 사이로
그렇게도 애증에 찬 노래를 불렀느냐

돌아오지 않는 날의
슬픈 추억도
허허로운 바람결에
다 날려 보낸
너의

긴 침묵이
네 발 밑으로 흐르고
새 봄을 기다리는
가녀린 숨소리마저
서산에 지는 붉은 노을이
곱게 물드는구나.

겨울 눈 그리고 거리

눈 내리는 날.
거리에 나서면
잃어버린 동심의
추억이 되 살아난다.

성당의 종소리가
어느새 사라진 도시의 저녁
바쁜 걸음으로 귀가하는
하루 종일
휘어진 허리의 그림자들

무엇인가를 쫓아서
바쁘게 뛰어온
거리의 군상들이

그래도
겨울 눈 내리는 거리에선
아이처럼 활짝 웃는다

한웅 큼 손에 쥔
하얀 솜사탕이
어릴 적
산타할아버지의 선물처럼

어찌
저렇게 곱고도 아름답지.

제주 비행기 안에서

첨 타보는 비행기 창공을
나르는 구름 속은 마치 산등성 위에
운무가 너울 춤 추듯 넘실 거린다

한층 위로 올라 갈수록
가류공기에 고막은 막막하지만
그래도 첨 타보는 마음은

잠시 하늘을 나르는
원더우먼이 되어본다

화창한 날은 햇살이 눈부시고
구름을 타는 마음으로
하늘을 가로지르고 있다

지상으로 바라보는 모든 건물은
장난감병정 처럼 마치 소꼽놀이
줄 나열 모습이었다

한층 더 오르니 파란 바다위에
밀물과 썰물 파도치는 물안개 꽃피고
조금 더 가니 북극에 소복이 쌓인
눈의 멋진 진풍경이었다

새하얗게 군데 군데 흰 구름 모양새는
눈 속의 축제 그 자체이고
그야말로 봄을 여는 화려한 외출이었다.

큐피드 화살처럼

신혼시절 단꿈에 젖어
향기 가득한 꽃 내음

화살 같은 세월은

어느덧

중년의 문턱에 오고
인생은 그렇게 잠시 왔다가
바람처럼 가거늘

세월을 먹는 다는건
역시
시린 가슴 밀려오누나.

사랑 아닌 일이 어디 있으랴!

사랑
사랑
사랑

세상 어디든 사랑 없이
되는 일이 있으랴!

기쁨도
미움도
슬픔도

사랑이 함께 하기에
느끼고 부딪치는 것이다.

그대 사랑하는 마음

우수에 젖은 그대
애증의 그림자 인가요
사랑의 깊은 상념 인가요.

사노라면 좋은날이 꼭 오겠지요

슬퍼하지 말아요
외로워 하지도 말아요

그대 사랑하는 마음
그대로 간직할 나 이니까요?

사랑은 기다림

사는 의미는 어쩌면
기다림의 연속인지도 몰라

사랑이 내게 다가 올 때도
슬픔의 이별을 맞이할 때도

언제까지나 겸허하게
인내하며 기다리는 아름다움의

또 하나의 녹 익어 가는
열매를 맺어지는 과정이니까.

돈보다 소중한 청춘

긴 ~ 긴 세월
앞에 병마와
싸우는 나의 친정엄마

젊은 시절
씩씩함은 오간데 없고

나이 들어
힘없는 인생 앞에 가슴엔
고독과 외로움이 밀려온 후에

이제사!

상처받은 새처럼 어찌
소리 없이 울고 있나요

다시는 돌아 갈수 없는

청춘은
돈 주고도 못사는
값진 거라는데.

열정의 불꽃

심장의 불꽃이
가슴으로 영혼으로
열정을 꽃피운다

삶의 영위하는 열정이
유효기간은 과연 얼마나 될까?

생명이 영위할 수 없듯
사랑도 영원할 수 없겠지

순간의 열정이 불꽃되어
영원할 것 같지만
영원하지 않더라도

지금의 나는 그저
영원하다고만 믿고 싶다.

동 반 자

곤하게 잠든 그대
세월의 흐름에

나이테처럼 셀 만큼의
주름의 흔적

어느새 세월이
이만치 왔는가
흰머리 하나 둘씩 늘어난

그대 잠든 모습에 뭔지 모를
가슴은 찡 해온다

삶의 애증과
그대의 외로움이
연민으로 보이는 건

아마도
내 인생의 반쪽인
동반자라서 일까.

커피의 인연

커피 한잔의
인연을 만들어
커피 한잔의 만남과
커피 한잔의 기쁨을 누리고

커피 한잔에 녹아 내리는
마음의 눈물도 씻어 내리고

커피 한잔의 연인처럼
동거 동락하는 끈이 아닐까.

귀히 남을 꽃 한송이

〈평화의 소녀상 1주년〉

귀한
꽃 한송이로 피어나
귀하게
피워 보지도 못하고

저!
일본군에게 끌려가
죄 없이 무참히 짓밟히신
조선의 꽃송이시여.

한 맺힌 그날들을
어찌 잊으리오

위로하는 마음으로
온 정성을 다하여

일본 대사관앞
〈평화의 소녀상〉을
세웠지만 발밑에

그림자는 이미
영혼의 할미꽃이 되어
쓸쓸한 마음

훨훨 나는 나비로
환생 하시어
못 다한 기쁨과
자유를 누리시길

기원하며 아픈 기억을
영원히 되새겨 봅니다

고독한 여정

사랑이 깊을수록
외로움도 짙어진다

세월의
흐름인가
번뇌인가

혼자 아닌 둘이라도
고독한 삶인 것을

알 수 없는 마음의 빈자리
채우려 해도 채워지지 않는

완벽한 사랑이 아닌
외로운 사랑의 늪과 같은 것을---.

그대의 포근한 팔벼개

삶이 힘이 들어
많이 지쳐 있을 때

아련한 그리움의
여운이 자락에 머물 때

그대의 팔벼개가
포근히 다가 옵니다

때로는
고독이 밀려와
외로운 마음이 파고 들 때도

나의 안식처 같은 당신의
팔벼개가 솜사탕처럼 포근합니다.

사제의 길

어려운 사명을 띠고
사제가 된 당신들이여

고고하고 힘든 가시밭길
힘든 고난과 고통 속에

빛으로 기도하는 당신들
수도자의 길은

오래 머물지 않은 또 다른
기다림의 연속이기에

찬란한 빛으로
우리들을 인도 하는

그대들을!

사랑합니다.

거울 속 당신

거울 속에 있는
당신은 누구인가요?

정~~~말

영원히 지켜줄
당신의 사랑인가요.

붉은 노을의 속사연

저 붉은 노을에 물든
태양 속 오가는 무수한
사연도 많겠지

사랑이 충만하게 넘칠 땐
온 태양이 삼길 듯이 아름다운
영롱의 빛으로 빛나겠지만

사랑이 이별을 할 때
모든 슬픔 감싸앉는 그 붉은 노을

너는 대체 무엇이길래
애끓는 사랑의 열정과
생과 사의 갈림길에서
아픔과 기쁨을 같이 하는지 . . .

시장 진풍경

앗!

상큼한 봄나물과
계란이 세일하네

발품을 팔면 미로 같은
재래시장을 몇 바퀴 돌고 돌아

알뜰 살뜰이 챙기는
난 욕심 많은 살림쟁이

온갖 봄나물이 가득해
봄 내음이 물씬 나는
오늘도 난 여기 저기

기웃 거리며 시장을 몇 바퀴
돌고 돌며 작은 행복감에 젖어든다.

영혼의 사랑

아름다운 영혼을 불사르다

상처받은 영혼
헤어짐의 눈물

이 세상에 태어나
다시 시작했던
바보 같은 사랑

그저 인생은 한낮 부질없고
흔들리는 바람에
불과하다는 것을 알았지만

이제 숨 쉬고 살아있다는
나의 존재에 감사하며
살아가려 하네.

욕망의 늪

나를 사랑하는 그대는

욕망의 아방궁으로 유린하여
황홀지경의 불을 지펴

이 한 몸 유혹의 늪으로

녹아내려 나를 올인한다

폭포수 같이 샘솟는 사랑이여
바다보다 넓은
사랑의 늪으로

헤어날 수 없게

나를 감금시킨다.

유혹하는 너의 몸짓

사랑하는 나에게
유혹하는 너의 몸짓이

내 몸의 일부가 되어
높은 산을 오르고 내리고,

거친 파도 잔잔한 호수와 같은

피아노의 선율을 타고 연주를 한다

온몸에 불씨의 정열로

활 ~ ~ 활
태 워 서
불 씨 가
재가 되어 꺼질 때까지 , , ,

봄 산

먼 산 너머
흰 구름이 두둥실 떠 있다

긴 겨울 내 움추렸던
대지의 기운들이
서서히 계절을 움직인다

겨울은 침묵 속에
삶의 겸허와 자성을 가르쳤고
봄은
언제인가 다시 올 겨울을 위해
지금 힘차게 태어난다

산 너머 붉은 노을이 진다
삶은
타오르는 해와 지는 해의
중간 지점이다

봄 산이
그렇게 미소를 짓고 있다

화해

온 지구가
전쟁으로 몸살을 앓고 있다
사람들은 갈수록
메마른 인정으로 자신을 무장하고
방패를 찾아
온 도시를 방랑하고 있다

그러나
아무리 굵고 큰 방호벽으로
침실과 마당을 감싸 에워싸도
적으로부터
날아오는 화살을 막을 길은 없다

결국
온 지구의 혼란은
끝이 없고
나중에는 방패도 화살도
남아 있지 않을 것이다

사람들의 평화는
역시
따뜻한 사랑으로 자신을 단장하고
영혼을 열고
화해의 손길을 내미는 것이
이 지구의 해답이다.

마음의 창

마음이 온유한 사람은
주위에 훈훈한 기쁨을 주고

마음의 여백이 메마른 사람은
주위를 시베리아 벌판으로 만든다

마음의 덕을 쌓는 건

어쩌면

나와의 싸움이고
희생과 배려하는 마음이리라

또한

내 보물 창고에
수많은 재산을 쌓는 것과 같다.

무에서 유?

삶은
빈손으로 태어나
찬란한 빛을 창조하고
결국
무로 돌아가는 길이다.

반석 위에 오만과 자만

그 누구를 위해 끊임없이

반석위에 올려놓기란 무한한
인내와 노력이다

반석 위에 오르고
세상 부러울 것 없다지만

고개 숙이기보다
오만과 자만이 생기나보다.

라일락꽃 향기 따라

라일락꽃 향기 따라
일상을 탈출하고

낙하산 타는
부푼 마음으로

꽃향내 가득한
산과 들 그곳으로

기차 여행하며
따라 가다 보면

라일락꽃 향기에
흠뻑 취하겠지.

꽃들의 축제

엊그제
개나리꽃이
방긋하며 피더니

오늘은
벚꽃이 활짝 핀 채
비바람에 눈꽃송이 날렸네

내일은
목련꽃 아가가 피어날까
아마 다음 기약은

예쁜 매화꽃과
진달래꽃
철쭉꽃도

활짝 피어 웃으며
축제하자 하겠네.

갇힌 새

속절없는 삶은
다람쥐 체바퀴 돌듯
하루 하루가 간다

불현듯
햇살 가득한 빛을
따라가니
봄이 반긴다

모든 것이 똑같이 부여된
시간들이지만 현실에 갇힌

시인의 마음은 꿈틀 거린다

더 넓은 곳과 자유롭게
비상하는 날을 꿈꾸며 . . .

해바라기 당신 사랑

세월이 가면 강산도
한 번씩 변한다 하지요

늘 그날이 그날인 당신
세월이 가도 변치 않는

내 안의 해만 바라보는
해바라기 당신

모든 게 변하고 강산이
또 변한다 해도

지금처럼만
앞으로도 영원히
내 곁에서 당신은
해바라기 사랑인거죠.

섹스와 사랑

이브는
사랑에 목말라 하고

아담은
섹스에 목말라 한다

이브는
사랑을 전부로 알고

아담은
명예와 부에 전부를 건다.

잠자는 폰

친구와 나
언제부터인가 너는

매일 매일
주고 받던 문자와
친구와 통화하던

다정한 목소리를 이어주는
인연의 끈이었는데

이젠 잠자는 폰이 되었구나

우정이 누구보다
돈독했던 친구는

도대체 무슨 사연이 있어
두문불출 소식도 없고
내가 걸어본 휴대 전화가

의미 없는 메아리가 되어
애꿎은 폰엔
컬러링 음악만 흐르는가. . .

자유의 몸짓

꽃바람에 흔들리고
구름처럼 자유롭게

내 영혼도 저!
창공에 날리는 꽃잎처럼
자유의 날개 짓 하며

지친 마음 ,아픔
벗어 버리고 자유이고 싶어.

'좋은 친구들 카페' 단골손님

돌고 도는 세상에
돌고 도는 인생처럼

영원한 단골은 없다지만
다정다감한 나의 단골도 잠시 쉬었다가
돌고 돌아 제자리로 오지요.

매일 매일은 보지 못해도
그래도
잊지 않고 찾아 주시는 나의 단골손님
그대들이 있어 행복합니다.

먼 그 날의 첫사랑

먼 옛날의 단상
만리장성을 쌓던 그 날들이
한낮 꿈이련가
허상이련가

그 날의 무지개빛 사랑이
퇴색되어 잿빛이 될지라도

여러 갈래의 그 고운 빛깔은
망부석이 되어도

기억 속에 영원히 아름답게
피어나는 몸부림이어라. . .

친구야 갈망하는 나에게

삶이 고되고
움직일 수 없는 나는

늘 상 자유를 갈망하지만
속박되어 있는 현실

너의 유혹에 잠시나마 여행길이
자유를 만끽할 수 있었어

그래서 정말 고마워
그리고 사랑해 친구야!

휘날리는 벚꽃

송이송이 어여쁘게 피어올라
빨려 들 듯한 화려함과
즐거움을 주더니

그것도 잠시피어 꽃눈이 되어
휘날리며
아쉬움에 속삭인다

그러한 벚꽃은 가는 4월이 아쉬운지
천상과 지상을 넘나들며
사뿐이 내려
겸손 되이 즈려 밟게 하누나.

사랑의 미로

사람이 변하는 것이 아니라
사랑하는 마음이 움직이는 것을

잠시 초심 잃은
사람의 마음 어찌 알리오

사랑은
사랑은

멀어졌다 가까워지는
움직임의 알 수 없는
사랑의 미로 속이지요.

엘리베이터의 고달픈 하루

하루에도 몇 번씩
너의 몸을 의지하고

너의 문턱을 밟고
수십 명 수백 명이 넘나드니
얼마나 아프겠니

쉼 없이 반복되는
무겁거나 가볍거나
아무 불평 없이 실어주는 너

너에게 고맙다 인사 한마디
하는 사람 없는
너는
얼마나 외롭고 힘들겠니

하루 종일 말없이 운행하는
너!
정말 고맙고 감사하구나.

폰 중독에 빠진 소녀

신성한 미사 시간
자꾸 신경 쓰이게 하는
아름다운 한 소녀
미사 드리는 내내

폰에 빠져
온 몸짓으로
박자를 맞추고 있다.
아무리 난무해 가는 폰도 좋지만

때와 장소도 없는 폰
무엇이 옳은지
무엇이 잘못된 건지

몸은 성전에 와 있고
소녀의 머릿 속은 온통
폰과 함께 움직이니

얄밉기도 하지만
걱정되기도 하는 폰 중독. . .

차 한 잔의 고독

지금 이 순간 이 넓은
하늘 아래 홀로 앉아
고독에 마시는 차 한 잔

가을 내음이 물씬 나는
맑은 공기 새소리 꽃향기에
흠뻑 취해 있지만
지금은 저 하늘나라로
간
너 없는 쓸쓸한 이내 마음

너의 환하게 웃는 얼굴이
아른거리며
잔 속에서 넘실대고 있구나

그립구나!
나의 예쁜 동생 순이야.

그리운 아버지

(사부곡)

강산이 한번 바뀌어
잊을 법도 하겠지만

어제처럼 생생한 그리움
한 마디도 못하시고 병석에
계시면서도 물 한 모금 넘기시기
힘 드시다며 큰아버지께서 연락이 오셔서

달음 달려간 나의 아버지
딸이 드린 물 한 모금 겨우 넘기시고
이틀 밤을 지새웠건만

사는 게 바빠 잠시 이별을 고하기를
처음이자 마지막 아버지의 얼굴을
어루만지고 아버지의 손등에 입맞춤이
마지막일 줄이야

가는 길이 웬지 천근만근 떨어지지
않는 발길을 어찌 할 바 몰랐었는데

마지막 그 눈동자의 애잔한 눈길이
가지 말라는 그 의미를
이 여식은 왜 몰랐을까요!

그립습니다 아버지.

기도의 마력

천지 창조를 믿는 이와
천지신명을 믿는 이나

기도하는 마음은
땅에 떨어지는 법이 없고

나약한 인간에게
힘을 실어 주고
마음의 평화와
마음의 정화와
마음의 선과 악을 알게 하는

깨끗함의 평화 그 자체
기도의 마력이 아니겠는가.

짝사랑

사랑에 목말라 하는
한 영혼의 그대여
그대의 애닯고 외로운
사랑이란 걸 알지만

또 하나의 얼룩져
상처 받는 걸 원치않는 난

시작할 수도 받아줄 수도
없는 그대의 짝사랑

너무나도 안타깝지만

이제 제 ~발
여기서 멈추어 주기를.

싹트는 우정

오랜 세월의 벗들과
목포 유달산 화려한 외출
툭 터진 서해 앞바다
해수찜에 앉아 도란도란
여고시절 이야기꽃을 피우고

갑자기 퍼붓는 빗줄기 소리와 함께
뜨거운 안개 속 열기와 추억은
타임머신으로 되돌아 가본다

세월에 묻혀 잠시 잊혀졌던 우정
오랜만에 정겹게 다져지는
우리들 우정이 또 다시 새롭게 움튼다.

그대 이름 아담이여!

화사한 햇살이 비추는 날도
모진 바람과 풍랑을 만나도
쉼 없는 열정을 다해
무거운 짐을
어깨에 짊어지고 말없이 황해하는

아담이여!

가정의 평화와 행복을 위하여
지금 이 순간도 묵묵히 항해하겠지

결국
날 위한 보람보다
이브를 위한 희생으로
바람을 이고 가는
돗단배 처럼
오늘도 외로워 하겠지

그대여!
당신의 고뇌에
이브는 마음이 저려 옵니다.

욕심을 버리는 마음

마음의 욕심을
가득 채우려 하며
돌을 얹는 짓눌림에 힘들고

마음을 비우는
배려가 있다면
그 가슴은 깃털처럼
가벼울 것이다

버리는 마음의
아쉬움이 있다면
또한 얻는 기쁨도
있을 것이다

삶은 그렇게 꿈을 꾸듯
허상에 머물지 않고
호락호락 하지도 않은

아쉬움 속에 슬픔과 기쁨을
같이 나누기 때문이지.

세월을 따라

정신없이 앞만 보다
어느새

세월은 저만큼 가 있지요
죽을 만큼 뛰어도
항상 그 자리

다시 용기 내어
세월을 따라 가네요.

존재의 이유

어느 길
모퉁이 길을 가다
생각나는 사람이 되기보다
잊혀진 사람이 아닐 런지

관심 밖의 잊혀진 사람은
얼마나 비참한 것인지

거창한 파티에 초대받아
융숭한 왕 대접을 받는 다면
이 또한 고귀한 사람일진대

정녕
당신은 어느 쪽의
삶을
살고 갈 건지

인간은 모두가 기억하고
고귀한 존재로 남기를 원한다.

아가가 된 내 엄마

젊은 날의
위풍 당당하고 기세 등등
여장부였던 김 ~여사

세월에 퇴색되어
사소한 것에 노여움 타고
마음도 좁아져 가는 김~여사

그 힘든 마음 그 누구도 대신
할 수도 하루하루 몸과 마음이
야여 가며 외로움을 삭히시는
친정 엄마의 고단한 삶

이~ 젠
보살펴 드려야 되는 현실
딸을 의지하고 버티시지만
항상 강가에 내놓은 아가처럼
걱정에 가슴만 안타깝구나.

가을 연가

바람아!

서산 너머
푸른 하늘을 수놓고
유유하는 내 모습이
너무도 신선하다

들녘아!

한 여름 그 찌든 고뇌를
간 밤 꿈결처럼 다 지워 버리고
황금 햇살에
홍조 띤 네 얼굴이
너무도 아름답다

낙엽은 떨어지지만
세 삶을 위한 휴식이기에
그 뒷 그림자가
고즈넉하기 짝이 없다.

또 다른 풍경 속 여인들

여인들만 모집해 모이는 그 곳
주권을 가진 내무부장관들

여인들의 주머니 속을 열게 하며
치열한 공방전을 벌이고 선전하며
팔고 사는 떴다방 풍경 속

여인들의 마음을 사로잡아
중독에 빠져들게 한다

꼭 필요해서 사는 여인들도
있겠지만 충동구매 남의 이목을
더 생각하며 자제가 안 되는 여인들

현실은 힘든 시국이지만
쫒기고 쫒는 그 곳
돈을 물 쓰듯 쓰는 그 곳
또한 세일즈맨들의 삶의 전쟁
또 다른 별천지의
풍경 속을 들여 다 본다.

여기에 수록된 (행시)들은 인터넷 문학카페 등에서
이벤트 행사에서 수상(受賞)한 행시들이다.

그대가 머문 자리 (1-행시)

그리움이 묻어나는 향기 가득한

대망의 꿈과 희망을 갖고 모여드는

가장 카페 중에 최고로 멋지고 포근한 이곳

머무는 자리 또한 보석처럼 빛을 발하고

문전성기 소문 듣고 모여들어 11만 여명이 임박하게 되었으니

자리 또한 멋지고 아름다운 곳이 아니겠는가

이렇게 담백하고 소박한 사람의 냄새가 나는 이곳을 어찌 떠날 수 있으리오.

그대가 머문 자리 (2-행시)

그대들이여 그대가 머물고픈 이 카페를 모르시나요

대지의 풋풋한 향기가 나고

가장 멋진 풍경으로 상큼하게 피어나는

머물 수 있고 큰 뜻을 함께 하고

문학의 시향이 가득한

자랑할 만한 이곳을 왜 그대는 모르시나요

이곳으로 빨리 오시어 소문대로 사랑의 향기를 느껴 보시지 않겠는지요?

그대가 머문 자리 (3-행시)

그대들은 아시나요

대열에 끼고 싶어 한 잔의 술을 마시고 고민하는지

가장 최고의 자리로 기억 될 수 있게

머플러 바람에 휘날리며 예쁘게 치장을 하고

문을 향해 돌진하며 달렸는지

자랑스럽게

이제는 문제없다 하며 술 한 잔의 용기를 내어 일등으로 왔는지.

그대가 머문 자리 (4-행시)

그리움과 커피 내음이 그윽한

대망의 해돋이로 유명한 정동진에서

가장 멋진 겨울바다에서 바다 내음이 가득한 커피 향을 즐기며

머문 우리 님들에게 대망의 기를 받은 바다의 향긋한 커피한잔 대접하면

문턱이 닳도록 넘나 들라나

자! 재주 많고 끼 많은 님들이여

이 머문 카페에 오시어 대망의 기를 받은 정동진 바닷가의 추억과 바다의 커피 향을 담은 커피한잔의 멋진 시 한수 지어 봅시다

그대가 머문 자리 (5-행시)

그림 같은 설경 강릉을 향하는 내 마음은

대망의 꿈을 기원하러

가는 겨울 산의 나무들이 하얀 눈꽃으로 덮쳐

머나먼 고향의 향취를 느끼게 하네

문인들이 소위 말하는 여행하며 가슴으로 느끼고

자기의 꿈을 갖고 그대와 동행을 하고

이렇게 애닯은 가슴에 시 한 자락 펼쳐 보네.

그대가 머문 자리 (6-행시)

그토록 가고 싶은 해돋이였는데

대망의 꿈을 갖고 한 해를 소망하며 모여드는 사람들이 물결치네

가장 빛나고 아름다운 동해바다 서광의 아침이

머문 자리 카페에도 비추어

문전성시 해돋이에 모여드는 인파처럼

자리하는 곳마다 뜻을

이룰 수 있는 머문 자리 카페로 다져지길 기원해본다.

그대가 머문 자리 (7-행시)

그토록 좋을까

대로변이고 상가 안이고 모두들 금연이라 외치는데

가로 막을 수도 없고

머리채 잡아 끊으라 할 수도 없고

문 열고 내 보내기도 전에

자리를 박차고 나가며 애인보다 더 좋다하며 하얀 연기품고 그대 없이는 살아도

이 구름과자 없이는 못산다는 그대들이여! 제발 건강을 위해 금연합시다.

그대가 머문 자리 (8-행시)

그대들은 다 어데 갔나

대문에서 고대하고 기다려도

가장 많이 문턱이 닳도록 오시어

머물러 술 한 잔 하는 단골 손님들이

문제가 생겼나 money가 떨어졌나

자리를 이동했나

이렇게 하염없이 좋은 카페에서 기다리는데.

그대가 머문 자리 (9-행시)

그대 보고 싶어 왔소

대문을 활짝 여시오

가장 포근한 자리로

머물다 가게 해 주오

문전에서 환하게 반겨주며

자신보다 더 사랑한다고 안아주고

이렇게 바다처럼 다 받아주는 그대가 있어 행복하다오.

그대가 머문 자리 (10-행시)

그대가 머문 자리 이벤트 행사가

대대적으로 열리더니

가도 가도 끝없는 시향에 필 받아

머리에 예쁜 꽃 달고 너울너울 춤 향연에

문전성시 문인들이 모여 열기를 꽃 피운지 얼마 되지 않았건만

자리도 앉기도 전에 끝나 간다네

이렇게 즐겁고 흥미진진한 이벤트가 끝나간다니 발길 돌리기에 아쉬움만 가득하네.

노을 윤 미숙 .해인. 수선화처럼 (행시)

노을에 비친 어둠이 빛을 향하여

을시년스런 밤에도 내일을 향해 서광이 비추기를

해맑은 눈동자의 해 같은 벗을 만났으니

인간사야 모두 다 그렇겠지만

수많은 사람 중에

선물 같은 하늘이 내려준 인연이

화려함과 지식을 겸비한 지인들을 만났으니

처음으로 발길을 닿은 곳 그대가 머문 카페에서 맺어준

넘나들며 즐겁게 교류하는 문학의 향년.

사랑아 내 사랑아 (행시)

사랑아 나의 첫사랑

랑 랑 시절 철모를 때 만나

아름답고 애절했던 그 시절

내 사랑 그대여 날 두고 천상에 가시어

사랑을 몰랐던 나에게

사랑을 알려준 그 목소리가

아득히 들려오고 사랑을 심어준 그대 천상에서 편안하신 가요.

사랑아 내 사랑아 (행시)

사월의

랑 랑 한 빗줄기 소리

아련한 추억의 저편에서

내 귓전에 들려오는 촉촉한 빗소리

사랑하는 나의 님아

낭만의 마음으로

아련한 빗속을 되새겨 보며 봄비에 젖어 걸어가 볼까나.

꽃피는 봄이 오면 (행시)

꽃망울이 터질 듯이

피어오르는

그대는 복수 꽃

봄을 알리며 일등으로 달려와

이 렇 게

오늘 3월 첫 마중에

면사포 쓴 새색시처럼 수줍어 웃고 있네.

사랑과 그리움 (행시)

사랑한다고

랑 랑 한 목소리로 내게 하던 말

과거로 돌려야 하나요

그토록 그리움에 사무치는데

이렇게 망부석처럼

움직이지 못한 채 기다리는데. . .

봄비가 내리면 (행시)

봄이 되어

비오는 날을 기다리니

가이 비 없는 하늘만 쳐다본다.

내일이면 단비가 내린다는데

이 비가 내리면

면면이 대지 위를 적시며 꽃이 피길 기다려본다.

참 좋은 사람 (행시)

참으로 아쉽구나

좋은 시절 이 가을에

은은한 향기 가득 품고

사색하기 좋은 계절 그대와 함께

람바다 춤을 추며 가을의 마지막 밤을 보냈으면 좋겠네.

오월을 보내며 (행시)

오월이 가는 길이 아쉬워

월요일부터 비가 내리네

을시년스런 날씨 저 켠에 접어두고

보고픈 사람

내외 모든 여러분들

며느리 아들 모두 함께 모여 아름다운 추억 속에 젖어 볼까나.

겨울 연가 (행시)

겨우내 어느새 세월은 12월

울 딸은 꽃단장하고 시집을 간다 하네

연지 곤지 바르고

가슴은 허전하고 아쉽지만 부디 행복하게 살기 바란다.

작품 해설

진실과 순수로 희망을 노래하는 서정시의 멋

엄 원 지 (시인/ 문학박사)

시인 윤미숙은 가끔씩 볼 때마다 느끼는 거지만 사람의 진국이 배여 나는 시인이다.

평소 진실한 내면을 갖고도 있지만 시인으로서의 외면 역시 열심히 시를 쓰면서 자신의 생업에 최선을 다하고 있음을 알게 된다.

'좋은 친구들 카페'라는 가게를 운영하는 윤 시인은 낮에는 집안 관리에 전념하고, 밤에는 저녁 장사를 하는 것으로 알고 있다.

언제인가 "시는 언제 쓰느냐?"고 물으니 "지금 쓰고 있지 않느냐?"며 내게 웃으면서 반문한 적이 있었는데 그 말이 바로 정답이다.

시인은 평상시의 삶이 바로 시(詩)가 되어야 하고, 자신이 지은 시처럼 살아야 한다.

'아름다운 자연과 세상을 바라보고 있다'고 시를 지으면서 정작 자신은 '추악하고 거짓된 삶'을 살아간다면 이미 시인의 생명은 끝난 것이다.

시인 윤미숙은 가정과 사회생활의 낮과 밤이 바로 한 편의 '시'를 쓰고 있는 것이라고 말했다.

이 얼마나 시인다운 말인가?

이번에 상재하는 윤 시인의 처녀 시집의 원고를 보니 그 말이 진실임이 마음에 와 닿았다.

집에서, 일터에서 때로는 가족과 친구들과의 일상 만남에서 생겨나는 이야기들이 그대로 시로 표현되어 있었다.

시인은 그렇게 살아야 한다고 본다.

최소한 집약하여 표현하자면 시인에게 주어진 사명은 진성(眞誠)한 삶을 영위해야 한다는 것과, 세상을 위해 선도하는 역할을 해야 한다는 것과, 무덤 직전까지 시를 읊어야 한다는 것이다.

바로 '시'가 삶이여야 한다는 것이다.

시인 윤미숙은 그러한 관점에서 우리가 본받을 만한 시성(詩性)을 지닌 시인이라고 칭찬할 수밖에 없다.

이 시집에 실린 대부분의 시의 내용들이 일상의 모습과 시인의 추구하는 바가 무엇인지를 잘 보여주고 있다.

고뇌해 보지 않은 자가
고뇌를 쓸 수 없다

희열해 보지 않은 자가
희열을 쓸 수는 더더욱 없다

그러나
진정으로 고뇌해 본 자는
고뇌를 쓰지 않는다

또한
진정으로 희열해 본 자도
종이 위에 글을 남기지 않는다

이 세상에
진정이란
진실이란
말이나 글로서 남기는 것이 아니고
마음으로 그냥 깨우치고
영원히 홀로 안고 가는 것이다
이것이 진정한 시작(詩作)이라고
말하고 싶다

– 시 '시작(詩作)'의 전문 –

시인으로서의 마음가짐과 무엇을 위해 짓고, 쓰고, 행해야 하는 지에 대해서 자신의 자세를 늘 각성하며 살아가는 모습이 그대로 나타나 있는 시이다.

시인의 고뇌와 희열은 글로서 나타나게 되고, 그의 글은 세상 사람들에게 때로는 교훈이 되기도 하고, 때로는 공감되어 느끼는 바를 주기도 하기에

시인의 행동은 매우 사회적으로 중요하다는 것을 암시하고 있는 시이다.

온 지구가
전쟁으로 몸살을 앓고 있다
사람들은 갈수록
메마른 인정으로 자신을 무장하고
방패를 찾아
온 도시를 방랑하고 있다

그러나
아무리 굵고 큰 방호벽으로
침실과 마당을 감싸 에워싸도
적으로부터
날아오는 화살을 막을 길은 없다

결국
온 지구의 혼란은

끝이 없고
나중에는 방패도 화살도
남아 있지 않을 것이다

사람들의 평화는
역시
따뜻한 사랑으로 자신을 단장하고
영혼을 열고
화해의 손길을 내미는 것이
이 지구의 해답이다.

– 시 '화해' 전문 –

이 시에서도 보듯이 시인은 이 세상과 세태에 대해서 한탄하듯 사람들이 자신만을 주장하고, 싸우는 모습을 염려하고 있다.

결국 시인은 '화해만이 이 세상을 구원할 지구의 해답'이라고 세상에 외친다.

사람의 행복과 평화를 기원하는 시인다운 지고(至高)한 시라고 할 수 있다.

지금은 말로서는 다
표현할 수 없는

한 여름날의
곱게 물든 강가에
추억의 시가 있다

지나간 세월은
흘러간 강물처럼 흔적이 없고
강변 모래 언덕에
별이 되기 위해
밤을 기다리던,

고운 노을은
벌써
불혹을 넘어
바람이 되었다

바람이 그렇게 세게
갈대숲을 지나던 날,
돌아갈 시간조차
망각해 버린
시간의 강은

노을 지는 강가에서
내게 미소 하나를 주고 있다.

– 시 '노을 지는 강가' 전문 –

또한 이 시는 전형적인 서정시로 시인 윤미숙의 삶에 대한 정서가 그대로 표출되어 있는 시이다.

~별이 되기 위해/ 밤을 기다리던/ 고운 노을은/ 벌써/ 불혹을 넘어/ 바람이 되었다~ 면서 청춘시절에 꿈꾸었던 많은 이야기들이 다 이루지는 못하고, 어느새 중년이 되었음을 저녁노을에 비유하여 표현한 우수작이다.

그러나 지금은 바람처럼 걸림 없이 살아가는 시인의 빈 마음을 암시하고 있는 시라고 하겠다.

먼 산 너머
흰 구름이 두둥실 떠 있다

긴 겨울 내 움추렸던
대지의 기운들이
서서히 계절을 움직인다

겨울은 침묵 속에
삶의 겸허와 자성을 가르쳤고
봄은
언제인가 다시 올 겨울을 위해
지금 힘차게 태어난다

산 너머 붉은 노을이 진다
삶은

타오르는 해와 지는 해의
중간 지점이다

봄 산이
그렇게 미소를 짓고 있다

-시 '봄 산' 전문-

이제 시인은 중년을 넘어서는 나이에 ~ 삶은 타오르는 해와 지는 해의 중간 지점이다~ 라며 붉은 노을이 자신의 삶과 비슷하다는 표현을 하고 있는데, 아름다운 붉은 노을을 보면서 곱게 세상을 살아가겠다고 다짐을 하는 모습이 시에 스며있다.

여기에서의 '봄 산'은 바로 세상을 말한다.

이 세상이 지나간 시절의 온갖 곤란을 극복하고, 열심히 살아온 자신을 향해 사랑을 보낼 것이라는 자부심이 나타나 있다.

현재와 미래에 대한 행복에의 희망이 봄 산으로 표현된 시이다.

평소 노을을 좋아하고, 특히 저녁노을처럼 아름다운 색깔과 풍경으로 세상을 살아가겠다는 윤미숙 시인의 삶의 자세가 빼곡이 실어진 '노을 속에 피는 꽃' 시집은 일상적인 이야기들을 시로써 읊은 서정시의 전형들로 가득 채워져 있다.

무엇보다도 시와 삶이 일체가 된 면을 보여주는 것이 아름답게 느껴진다.